Lebst Du nur,
oder glaubst Du auch?

Carsten Arndt

Lebst Du nur,
oder glaubst Du auch?

Jesus für Anfänger – oder:

„wie Gott die Karten auf den Tisch legte"

Impressum

Alle Rechte vorbehalten.Kein Teil des Werkes darf in irgendeiner Form (Fotografie, Mikrofilm oder einem anderen Verfahren) ohne schriftliche Genehmigung des Rechteinhabers reproduziert oder unter Verwendung elektronischer Systeme verarbeitet, vervielfältigt oder verbreitet werden. Dies gilt auch für Film, Rundfunk, Fernsehen sowie Übersetzungen.

Rechteinhaber: Carsten Arndt
Covergestaltung: Carsten Arndt
Lektorat: Bianca Krohn
Design und Grafik: Carsten Arndt
Coverbild: Felix Wolf
Copyright© 2020 Carsten Arndt

Herstellung und Verlag: BoD – Books on Demand, Norderstedt

ISBN 978-3-7526-4219-3

Bibliografische Information der Deutschen Nationalbibliothek: Die Deutsche Nationalbibliothek verzeichnet diese Publikation in der Deutschen Nationalbibliografie; detaillierte bibliografische Daten sind im Internet über http://dnb.d-nb.de abrufbar.

Inhaltsverzeichnis

Vorwort

So aus dem Nichts heraus Christ zu werden, ist ein schwerer Weg. Ich kannte und wusste ja nicht viel darüber, folglich vermisste ich nicht das Geringste …

Das Leben um mich herum lief - meines Erachtens - gut. Klar! Ich lebte meist auf Kosten anderer, aber das war mir damals echt egal. Empathie wird zum Fremdwort, wenn das Leben sich auf Oberflächlichkeiten beschränkt. Es ist ja letztendlich nicht so, als wären mir Themen wie Gott und Glaube völlig fremd gewesen - ganz und gar nicht.

Aber Gott als Lebensweg? Als Versorger? Oder gar als Retter?

Nein! Davon war ich absolut nicht überzeugt. Ich wollte schließlich leben, Spaß haben und nicht von morgens bis abends betend durch die Gegend laufen. All die Annehmlichkeiten, die einem die Welt zu bieten hatte, die wollte ich! Grenzenlos essen, lieben, verschwenderisch sein …

Ich suchte nach Anerkennung, versuchte etwas darzustellen, wichtig und beliebt zu sein und vor allem nicht in Vergessenheit geraten. Über einen langen Zeitraum hinweg gelang das auch ganz gut.

… Zumindest scheinbar!

Ich war unersättlich, wollte von dem, was ich hatte, mehr und mehr. Ich wurde zügellos, brutal, unehrlich und auch boshaft - veränderte mich Stück für Stück und bemerkte gar nicht, wie meine Seele dadurch immer mehr abstarb und mein Herz erkaltete.

8

Dieses Buch beschreibt meinen Weg der Erkenntnis, voll von Zeugnissen und einem wiedergeborenen Leben im Dienst für unseren Herrn.

So entstand:

„Lebst Du nur oder glaubst Du auch?"

Viel Spaß beim Lesen!

**Euer
Carsten Arndt**

Kapitel 1
Unsichtbare Schatten …
- erst mit den Jahren zeigen sie sich -

Der Ursprung unsichtbarer Schatten liegt oft in der Kindheit.
Sie entstehen aus dem, was man in seinem »groß werden«
erlebt. Da gibt es das Elternhaus, den Kindergarten, die Schule
oder andere Orte oder Zeiten - sie alle beeinflussen uns ein
Leben lang.

In meiner Jugend habe ich - gefühlt - rein gar nichts
ausgelassen … schon früh hatte ich meine Plage mit jeglicher
Art von Sucht. Von klein auf aß ich gerne und viel, was man
mir auch ansah. Heute würde ich es »Frust-Fressen« nennen.
Mit 12 Jahren fing ich das Rauchen an und Alkohol gehörte so
ab 14 Jahren ebenfalls zu meinen ständigen Begleitern. Sogar
leichte Drogen nahm ich im zarten Alter von 18 dazu, was
mich sogar für 14 Tage in den Jugendknast brachte. Das war
allerdings eine einmalige Sache. In diesen zwei Wochen lernte
ich Dinge und Menschen kennen, die ich danach nie wieder
sehen oder erleben wollte.
Sogar geklaut und betrogen habe ich, wurde allerdings mehr
erwischt, als dass ich irgendeinen Nutzen davon gehabt hätte.
Verbrechen zahlen sich halt nicht aus - egal wie klein sie auch
sind.

Mein Leben war immer aufregend und nach außen hin protzig.
Die meisten Dinge, die ich mit Händen aufbaute, stieß ich
dabei allerdings mit dem Hintern wieder um. Ich war ein
Versager und so fühlte ich mich die meiste Zeit meines Lebens.

Ich hatte nur wenige Freunde - zumindest nannten die sich so.
Heute weiß ich jedoch, dass diese doch eher »falsche« waren.
Sie verschwanden immer, sobald es von mir nichts mehr gab.
Was mir in den meisten Fällen übrig blieb, war ein Haufen

11

Ärger, weil ich allen möglichen Mist baute, um meinen angeblichen Freunden zu gefallen. Einstehen musste ich dafür allerdings durch die Bank weg alleine.

Die Schule brachte mir keine Verbesserung. Ich wurde von den Mädchen wegen meiner Figur verspottet und von den Jungs getreten oder schlimmeres.

Bald hatte ich keine Lust mehr auf Schule und trieb mich stattdessen lieber in der Stadt herum. Ich fälschte die Unterschrift meiner Mutter für Entschuldigungen und log so dumm, dass ich mir beinahe jegliche Möglichkeit auf ein normales Umgehen mit meinen Eltern verbaut hätte. Zu der Zeit wollte ich das erste Mal sterben …

In Alkohol aufgelöste Massen an Tabak, den ich meinem Vater klaute, brachte allerdings absolut nicht das gewünschte Ergebnis. Dafür danke ich dem Herrn heute!

Es gab nichts, worauf ich stolz hätte sein können - bis zu dem Zeitpunkt, als mich Jahre später - der beste Mensch, den ich kenne, auf den richtigen Gedanken lenkte und noch heute lenkt.

Und hier bin ich nun und schreibe an meinem ersten Buch …

Songtexte schreiben, ja, das mache ich schon seit einer ganzen Weile - aber ein Buch? Das ist etwas völlig anderes …

Nun ja - im Prinzip nutze ich dieses Medium zur Aufarbeitung meiner Lebensphasen. Da gibt es so einiges, was in meiner Vergangenheit nicht so gut gelaufen ist. Dass ich das heute kann, ist schon ein kleines Wunder.

Zum einen muss ich ja folglich noch am Leben sein, zum anderen ist dafür eine gewisse (Selbst-)Erkenntnis nötig.

gemachten Leiden« fingen ja bereits in meiner Kindheit an. Ich glaube, ich hatte keine gute Kindheit! Nicht, dass es mir an der Liebe gefehlt hätte - sicher nicht - aber jeder versteht unter dieser Liebe ja etwas anderes. Über die ersten Jahre meines Lebens weiß ich - ehrlich gesagt - auch gar nichts …

Ich kann mich an diese ersten Jahre auch gar nicht wirklich

Erinnern ... so ab meinem dritten Lebensjahr - zu Beginn der Kindergartenzeit - fangen meine Erinnerungen an.

Ich war ein sogenanntes »Ganztagskind«. Morgens brachte meine Mutter mich hin und nachmittags holte mich mein Vater wieder ab. Ich mochte den Kindergarten nicht, hatte aber keine Wahl. Mit den meisten Kindern, insbesondere den Jungs, kam ich nicht gut klar.

Sie waren frech und handgreiflich - und ich klein und dick - gewissermaßen ein Mobbing-Opfer. Zu dieser Zeit gab es den Begriff »Mobbing« noch nicht, doch heutzutage wäre ich ein klassisches Opfer. Leider gab es damals keinen wirksamen Schutz davor - nicht für mich!

Nein, ich mochte den Kindergarten nicht! Nicht das Essen, nicht die Kinder und nicht den Mittagsschlaf. All das war für mich eine Belastung, aber was weiß ein Dreijähriger schon? Niemand schien sich für meine Nöte zu interessieren. Wer denn auch?
Mutti und mein Vater waren voll berufstätig. Da mussten die Zeiten halt geplant und arrangiert werden - ohne Rücksicht auf meine Befindlichkeiten.
Wenn das mit den Zeiten jedoch alles nicht so klappte, wie geplant, mussten Oma und Opa einspringen ... aber die fand ich immer irgendwie komisch. Lange hatte ich im Endeffekt auch nicht mit ihnen zu tun, denn sie starben im Abstand von zwei Jahren, bevor ich 10 Jahre alt war.
Danach wurde es echt schräg ...

Auf den ungeliebten Kindergarten folgte die Schule und ich wurde zum »Schlüsselkind«! Zusammen mit Mutti verließ ich morgens das Haus - ich zur Schule und sie zur Arbeit. In der Mittagspause von 13:00 - 15:00 Uhr kam sie dann immer nach Hause. Ich sollte es genießen, gut versorgt zu sein, was so

13

leidlich klappte.

Mein Vater war - als Angestellter auf einem zivilen Schiff der Bundeswehr - häufig auf See. Wenn er dann nach Wochen wieder zu Hause war, versuchte er die versäumte Zeit nachzuholen. Da er viel Alkohol trank, waren seine Erziehungsmethoden meist aggressiv und sein Helfer, der Rohrstock, lag stets auf dem alten Küchenschrank parat. Zu meinem Leidwesen kannten der Stock und ich uns gut. Einigermaßen entspannt war es in dieser Zeit nur, wenn mein Vater auf See war …

Eines Tages wollten mir ein paar Nachbarskinder was. Sie liefen mir nach, um mich zu verprügeln. An diesem Tag war mein Vater ausnahmsweise mal zu Hause. Er hatte sich das Handgelenk gebrochen, war also krankgeschrieben und - wie so oft - nicht nüchtern. Er sah diese Situation, kam vor die Tür, schnappte sich den Nachbarsjungen und hielt ihn mit seinem Gipsarm fest. Dann forderte mich auf, ihm so richtig mit der Faust ins Gesicht zu schlagen. Ich konnte es nicht und lief ängstlich und weinend weg.

Leider stempelte mich das zum Weichei. Dass das einen Vater wie meinen alles andere als stolz machte, könnt ihr euch sicher vorstellen.

Zu dieser Zeit wohnten wir noch in einer 2-Zimmer-Wohnung und ich schlief in einem zusätzlichen Bett im Schlafzimmer meiner Eltern. Wenn mein Vater wieder einmal zu viel getrunken hatte, im Streit laut und aggressiv wurde, floh meine Mutti meist dorthin. Er kam dann hinterher, hob das ganze Bett hinten hoch Richtung Decke und ließ das Fußende anschließend wieder mit voller Wucht krachend zu Boden fallen. Dadurch lernte ich schon früh, dass betrunkene Männer überaus stark sein konnten. Ich hatte große Angst vor meinem Vater. In diesen Momenten war er ein Monster, doch Mutti hielt es aus, verzieh ihm und blieb.

Zum Glück zogen wir dann später um - in eine größere, neu

14

gebaute Wohnung. Ich bekam endlich ein eigenes Zimmer, aber die Probleme blieben ... 'heute würde ich sagen, dass auch meine Mutter gerne und häufig mit ihren Arbeitskollegen Party machte.

Für mich war kaum zu übersehen, dass es immer wieder Stress zwischen meinen Eltern gab. Mein Vater trank immer mehr Alkohol und wurde zusehends aggressiver gegen meine Mutter. Den Moment, in dem das Ganze eskalierte, werde ich nie wieder vergessen.
Alkohol und Eifersucht ließen meinen Vater eines Abends total ausrasten. Es passierte kurz vor dem Abendbrot. Zu Anfang bewarf er sie mit allem, was auf dem Tisch fürs Essen bereitstand. Dann wollte er sie schlagen. Dieser Kerl war außer sich vor Wut. Meine Mutter stand mit einem Küchenmesser in der Hand vor ihm, um sich zu schützen und versuchte in ihrer Hilflosigkeit vom Balkon unserer - im vierten Stock gelegenen - Wohnung zu springen. Ich war damals 12 Jahre alt. Live bekam ich das alles mit, wusste nicht, was ich tun sollte und hätte meinen Vater am liebsten selber getötet.

In der Schule war es ähnlich wie vorher im Kindergarten. Ich wurde gemobbt, verhauen, verspottet und fraß mich dicker und dicker. Ich haute immer wieder von zu Hause ab, schwänzte die Schule, fälschte Entschuldigungen, beklaute meine Eltern und wollte mir das Leben nehmen. Eigentlich war ich geradewegs auf dem Weg nach ganz unten.
Freunde, die ich nicht hatte, versuchte ich mir mit Süßkram, mit Geld oder anderen Dingen zu erkaufen. Da ich nichts besaß, beklaute ich meine Eltern, um das irgendwie hinzubekommen. Geholfen hat es damals nicht. Im Gegenteil, wenn ich von meinem Vater dabei erwischt wurde, bekam ich es im wahrsten Sinne des Wortes faustdick zu spüren ...
Ich hab oft richtig Mist gebaut, aber in diesen Momenten sah die Vaterliebe echt eher nach Tribunal und Folterbank aus .

15

*** Heute kann ich meinem Vater alles vergeben. Mein Blickwinkel hat sich geändert - ich weiß ja, dass ich diese Fehler gemacht habe. ***
Trotzdem zweifle ich diese Erziehungsmethoden an - aber dazu komme ich noch!

Die Situation zwischen meinen Eltern war mir zwischenzeitlich völlig egal geworden. Es besserte sich eh nicht und Streit und Brutalitäten gehörten zu meiner Jugendzeit. Wie durch ein Wunder kam ich trotz allem auf die Füße.
Ich machte eine Lehre und konnte tatsächlich nach außen ein gutes Leben führen. Bald lebte mit meiner ersten »großen Liebe« zusammen - und … erwischte sie prompt mit meinem besten Freund.

Ich war damals aber schon irgendwie anders … der Betrug störte mich zwar, sie erwischt zu haben und zu sehen, was die beiden da taten, machte mich aber irgendwie an.
Doch damit nicht genug. Ich lernte eine neue Frau kennen. Sie war 5 Jahre älter als ich und - was soll ich sagen - in diesem Alter sind 5 Jahre echt viel.
Gerade aus dem Frust des Betruges erwacht, wollte ich diese Frau unbedingt für mich gewinnen. Es funktionierte und wir heirateten, als ich gerade mal 21 war. Warum kann ich heute echt nicht mehr sagen! Damals dachte ich, dass es Liebe wär - heute weiß ich, dass ich »Liebe« überhaupt nicht kannte.
Mein eigener Vater verließ diese Welt mit 47 Jahren, noch bevor sein erstes Enkelkind zur Welt kam. Wir hatten uns vorher heftig gestritten und ich hatte ihn der Tür verwiesen. Dann fuhr er auf See und starb, ohne dass ich irgendetwas hätte gerade biegen können. Meiner Mutter hinterließ er ein Riesenchaos, Schulden, die er mit Liebschaften angehäuft hatte, und mich. Ich hatte seinerzeit schon einige Jahre von seiner „Zweitfamilie", die er sich in Büsum zugelegt hatte, gewusst. Hatte ihn sogar regelmäßig hingefahren, als er wegen

16

seiner Alkoholexzesse den Führerschein hatte abgeben müssen. Ich wusste von den ganzen Lügen, die er meiner Mutter auftischte und behielt es für mich. Nicht nur mein Vater hatte seine Frau betrogen, sondern ich, auch meine Mutter. Ich hatte mit meiner Handlung ihm gegenüber zwar recht, aber im Nachhinein wäre es mir anders lieber gewesen. Dass meine Mutter mir später vergeben konnte, machte mein Gefühl nicht besser.
Diesen Verlust zu verarbeiten und mit der Schuld meiner Mutter gegenüber klarzukommen, hat dann über 30 Jahre gedauert.

Viele Jahre begleitete mich das Gefühl, die Gene meines Vaters und seines abscheulichen Verhaltens in mir zu tragen. In gewisser Weise war ich ihm wirklich ziemlich ähnlich.
Aus erster Ehe hatte ich zwei gesunde Kinder, war ihnen aber kein richtiger Vater - ich war viel zu jung und längst nicht in der Lage, sie so zu lieben, wie sie es verdient hätten. Stattdessen spielte Sex schon eine der Hauptrollen in meinem jungen Erwachsenenleben.

An einem Nachbarschafts-Partyabend ließ ich mich schließlich zu einem ausschweifenden Erlebnis hinreißen, das bei mir einen Schalter umlegte, doch leider nicht zum Guten. Ich wollte mehr davon, bekam es aber nicht.

Anstatt aufzuhören habe ich es so lange herausgefordert bis meine Ehe nach 14 Jahren und diversen Verfehlungen meinerseits zu Ende war.

Im Jahr 2000 heiratete ich ein zweites Mal. Doch auch diese Ehe hielt nur 8 Jahre. Ich konnte es einfach nicht - war nie zufrieden, nicht mit Job, Familie, Geld oder was sonst noch so wichtig schien. Immer noch standen Lust und Sex für mich im Vordergrund. Partys bedeuteten wir mehr als alles andere und

17

gaben meinem Leben scheinbar einen Sinn. Doch das Gefühl der Erfüllung verbrauchte sich immer schneller.
Nach all dem hatte ich irgendwann kein Gefühl mehr, keine Liebe zu den Menschen, die mir so nahestanden. Alles in mir schien öd und leer. Wieder einmal stand ich am Abgrund - doch etwas schien mich immer noch zu halten.

Heute glaube ich, dass Gott richtig Lust darauf bekam, mich immer wieder aufs Neue aufzurichten, um zu sehen, ob ich eines Tages mehr begreifen würde.

Doch das sollte noch etwas dauern …

Kapitel 2
Die erste und einzige Liebe ...
- lange vorbereitet -.

In meiner zweiten Ehe war es so, dass wir uns brauchten. Sie suchte einen Mann, um behütet zu werden und ich brauchte diese Frau, um meinem Leben Sinn und Bestätigung zu geben. Diese Ehe war fast so etwas, wie eine gemeinsame Übereinkunft.

Nach der Eheschließung im Jahr 2000 ging es mal wieder kräftig in den Keller. (War eigentlich klar, denn Tage vor meiner Hochzeit lernte ich eine Frau kennen, die etwas in mir auslöste). Wie so oft hatte ich zu hoch gepokert, zu viel auf den Putz gehauen und völlig über die Verhältnisse gelebt. Mit dem Gedanken »reif für die Insel zu sein«, wollten wir alles hinter uns lassen und auf eine der Kanaren abhauen. Es war eine Art Kurzschlussreaktion ... was hatten wir schon zu verlieren - aber - ich segelte auch diesmal nicht über die Klippe

Stattdessen ließ meine Leidenschaft für die Musik etwas Neues entstehen. Zusammen mit meiner zweiten Frau gründete ich eine Musikschule und das war gut so. Gute und schlechte Zeiten gaben sich die Klinke in die Hand. Es funktionierte tatsächlich so gut, dass ich glaubte, es geschafft zu haben.

Wow! Mit Geld kann man so viel kaufen ...
Und trotzdem blieb mein Leben irgendwie leer. Was ich immer noch nicht hatte, gab es nicht zu kaufen. Ich empfand einfach keine Liebe ... nur Ausschweifungen in jeder erdenklichen Form. Alkohol, Sexpartys und verschwenderisches Auftreten bekamen wieder die Oberhand in meinem Leben. Anstatt an meinen Projekten und mit meinen Schülern zu arbeiten, verbrachte ich unzählige Stunden des Tages auf Kontaktseiten und rutschte seelisch immer weiter ab.

Ich schien, doch eine ganze Menge von meinem Vater übernommen zu haben. Sollte ich genau so enden?

Nein, denn zu diesem Zeitpunkt kam mit Tanja (meiner heutigen Frau) ein neuer Ball ins Spiel. Sie stand mit einem Mal als eine neue Gesangsschülerin vor meiner Tür. Es war genau die Tanja, die ich kurz vor meiner Hochzeit kennengelernt hatte.
Was für ein toller Mensch. Ich spürte etwas in mir, das ich bisher nicht kannte. Das durfte aber nicht sein, also behielt ich es für mich. Später wurde aus dieser Schülerin eine Mitarbeiterin in meiner Schule. Was für eine süße, quälende Zeit. Ich war von Anfang an in diesen Menschen verliebt. Sie war um einiges jünger als ich - ganze 11 Jahre trennten uns. Leider standen ein Ehemann und zwei Kinder hier auf der Gegenseite – da hätte ich mich auf keinen Fall dazwischen drängen wollen.

Irgendwann nach Jahren konnte ich dann nicht mehr anders als Ihr meine Liebe zu gestehen. Das Risiko sie zu verlieren war zwar groß - aber ich konnte nicht mehr. Tanja erwiderte meine Liebe und wieder gab es eine Talfahrt …

Äußerlichkeiten spielten erst einmal keine Rolle, nicht Stand, nicht Geld oder Wohlstand waren wichtig - diese Situation führte mich geradewegs in eine Insolvenz. Meine damalige Frau wusste sich zwar zu wehren, sorgte unbedacht allerdings dafür, dass auch sie diese kleine Rache nicht unbeschadet überstand. Der nächste Abgrund tat sich vor mir auf - abermals ohne Absturz.

Ganz im Gegenteil - von nun an erlebte ich eine völlig neue Art von Persönlichkeit in mir. Ich »wollte« mein Leben mit Tanja, der neuen Frau an meiner Seite leben. Wie hätte ich ahnen können, dass »ER« das schon viel länger im Sinn hatte?

20

Jeder bibelfeste Christ fängt spätestens jetzt zu rebellieren an, denn: Ehescheidung oder Ehebruch sind keine Bestandteile der Agenda Gottes. Zugegeben - auf den ersten Blick ist es wohl wahr. Auf der anderen Seite sind Gottes Wege jedoch unergründlich und neben Gottes Liebe sind auch seine Gnade und Vergebung größer, als unser Verstehen.

Zurück zum Geschehen …
Ich liebte diese Frau und nahm alles Kommende auf mich. Ich boxte mich durch Insolvenz und Scheidung, um dann das zu machen, was vorherbestimmt schien. Ich heiratete zum dritten und vermutlich letzten Mal. Heute bin ich mir ziemlich sicher, dass Gott diese Ehe gewollt hat. Die ersten beiden waren notwendig, um mich zu dem Menschen zu machen, der ich heute bin. Gott hat mich dadurch geformt.

Wie ich mir da so sicher sein kann?
Nun - Tanja war schon seit meiner ersten Ehe in meiner Nähe, ohne dass ich davon gewusst hätte. Warum auch? Ich war damals 21 und sie gerade 10 Jahre alt. Sie spielte sehr häufig bei ihrer Tante, die genau neben mir wohnte. Nach vielen Gesprächen erkannten wir dann, dass wir die ganzen Jahre immer sehr dicht beieinander gewesen waren. Sich nicht irgendwann zu begegnen, wäre nicht möglich gewesen.

Gott hatte mich förmlich an die Hand genommen, um mir wichtige Dinge für mein Leben zurückzugeben - um meine Vergangenheit zu heilen.

Zum einen fühlte ich endlich Liebe in mir - etwas, dass ich in dieser Art nicht kannte. Zum anderen bekam ich wieder Kontakt zu Annika, meiner Tochter aus erster Ehe, die mir alles verzeihen konnte und mich als Vater zu lieben begann. Dennoch ging es mir noch nicht wirklich gut. Mein Sohn fehlte mir und den Tod meines Vaters hatte ich auch noch nicht

21

verarbeitet. Dazu kam, dass ich sofort und mit aller Macht alles besser - nein, nicht nur besser, sondern alles richtig machen wollte. Doch das war zu viel des Guten. Ich wurde körperlich krank - mein Herz spielte nicht richtig mit und auch die Seele funktionierte noch nicht …

»Oh nein«, dachte ich. »Sollte ich auch das als Erbe meines Vaters bekommen haben? Eine Herzerkrankung, wie die, die meinem Vater den Tod gebracht hatte?« Ich hatte Angst und litt extrem darunter. So konnte ich nicht gesund werden. Irgendetwas zog mich in eine Depression hinein, ohne dass ich einen direkten Grund erkennen konnte. Ich war doch vorsichtig, war doch ehrlich geworden … Ich liebte doch endlich, ich bemühte mich doch ein guter Mensch zu sein, ich, ich, ich …

So konnte ich nicht gesund werden.

Kapitel 3
Wie der Herr die Bombe platzen ließ
- früher oder später bekommt er fast jeden -

Genau auf dem Gipfel dieser, meiner, Ich-Kette ging es meiner geliebten Tochter Annika nicht so gut. Nach der Geburt meines zweiten Enkels stand sie unerwartet vor den Trümmern ihrer Ehe. Es war unfassbar für uns alle und was machte sie? Sie betete!
Einfach so - für Ihren Mann und ihre Ehe, ihre Kinder und jeden, der gerade Gebet brauchte. (Wer braucht wohl keins?)

Das war so absolut gar nichts für mich - stattdessen hätte ich meinem Schwiegersohn am liebsten richtig eine reingehauen.

Sowas ist irgendwie typisch für Menschen und für mich ganz besonders. Selbst jahrelang allen möglichen Mist bauen und sich dann als Retter der Familie aufspielen.
Jedenfalls dachte ich mir, wir nehmen Annika zum Abschalten mit in den Urlaub nach Dänemark - unser langjähriges Herzensland.

Mir ging es zu der Zeit echt schlecht - ich war so richtig durch. Immer nur Stress mit der Musikschule, die wir nach der Insolvenz weiter betrieben und keinesfalls aufgeben wollten. Burnout kannte ich nicht - lernte es aber in diesen Wochen mit all seinen Facetten kennen.

Eines Abends hatte meine Tochter so ein Gefühl, für mich beten zu müssen. Sie legte mir die Hand auf und versuchte mir zu helfen. Da kam auf einmal ungeahnt eine verändernde Aussage von ihr:

»Papa, du kommst so nicht klar - Papa, Du brauchst Jesus!«

23

Wow,
damit hatte ich nicht gerechnet.

Damit konnte ich echt nichts anfangen und wollte es eigentlich auch nicht. Ich hatte in den Jahren genug Situationen durchlebt, in denen ich Jesus oder Gott hätte gebrauchen können. Meiner Meinung nach kam keiner zu mir ... warum sollte ich das jetzt also brauchen?

Eine weitere Information gab es von meiner Tochter nicht. Und wie ich nun zu Jesus gelangen sollte, war mir auch nicht klar. Das Thema war damit zu Ende und ich stand da - allein mit meinem Talent ... na ja - eigentlich nur so lange, bis dieser Urlaub im Herbst 2015 zu Ende war. Dass es jetzt so richtig losgehen sollte, brauche ich wohl an dieser Stelle nicht mehr besonders erwähnen. Erst kurze Zeit zurück in unserer Musikschule deckte Gott seine Karten ein bisschen auf ...

An diesem Tag klopfte es an der Tür meines Gesangsstudios. Ein junger Mann trat ein. Wir hatten einen Termin zum Vorsingen abgemacht. Ich hatte an dem Tag keine Lust und hätte den Termin eigentlich absagen wollen. Zu viel Ärger mit dem Vermieter unserer Schulräume, sein Anwalt, mein Anwalt - echt unangenehm das Ganze, kurzum - ich brauchte dringend neue Schüler - also blieb ich.

Und da stand er jetzt, stellte sich vor und erzählte von sich. Knapp dreißig Jahre alt, Sonderschulpädagoge und Lobpreisleiter einer christlichen Gemeinde. »Was um alles in der Welt ist ein Lobpreisleiter?« Keine Ahnung ...
Dieser erklärte mir nun, er wolle etwas für seine Stimme tun; etwas mehr Technik für kraftvollen, nicht so schnell ermüdenden Gesang lernen. Es sagte mir, dass er als Lobpreisleiter in den Gottesdiensten mit seiner Stimme und seinem Gitarrenspiel die ganze Gemeinde in intensive

24

Gebetsphasen führt. Er selber gehe durch diese emotionale Musik aber immer zu stark an seine körperlichen / stimmlichen Grenzen.

Ich verstand nicht ein Wort von dem, was Manuel - so hieß der junge Mann - mir da sagte. Ich hatte keinen Schimmer von Lobpreis oder Anbetung. Immerhin kannte ich nur Kirche und Liederbuch (gefiel mir nicht so) - aber dass jemand wie dieser junge Mann nun eine ganze Gemeinde irgendwie musikalisch anleitete, fand ich spannend.

Ich brauchte also unbedingt mehr Einblicke in die musikalische Arbeit moderner christlicher Gemeinden. Gesagt, getan - YouTube ermöglicht einem heute jede Art von Information in Bild und Ton.

Wow! Was für eine Musik! Das war das Erste, dessen ich mir bewusst wurde. Ich mochte diese Musik, diese Harmonien und dieses Bild von Menschen, die gemeinsam etwas Schönes produzierten.

Und dann folgte ein »Na ja« zu den Texten. Das war schon ganz schön viel Gott, Jesus und Heiliger Geist … aber die Musik war echt gut. Ich würde mich wohl daran gewöhnen können.

Und ja, ich gewöhnte mich! Mehr noch - ich fand es sogar richtig gut und ich konnte viele Texte sofort fühlen. Sie schienen irgendwie aus meinem Leben zu sein.

Nach einigen wenigen Gesangstunden mit Manuel war ich mir nicht so sicher, ob ich der richtige Coach für ihn war. Er hatte es wirklich gut drauf - aber des Menschen Wille ist ja bekanntlich sein Himmelreich.

So probten wir regelmäßig einmal in der Woche und an und für sich lernten wir beide voneinander.

Manuel etwas Gesangstechnik und ich den Worship Spirit.

Schließlich neigte sich das Jahr dem Ende zu und Manuel bat mich, zum Neujahrs-Lobpreis-Abend in seine Gemeinde zu kommen. »Hmmm« - ausgerechnet Neujahr?
Ich spielte mit Tanja und Freunden immer ein Konzert am Silvesterabend und danach gingen wir gerne noch feiern. Am Neujahrsabend hing ich fast immer durch - trotzdem sagte ich zu. Tanja war im ersten Moment nicht so begeistert, wollte mir zuliebe aber mitkommen.
Am Nachmittag vor diesem Lobpreis-Abend erhielt ich dann per WhatsApp die Nachricht, bitte auch meine Gitarre mitzubringen. Manuel war der Meinung, ich könnte ihn etwas unterstützen, vielleicht sogar den einen oder anderen Song spielen und mitsingen. »Nee, echt jetzt?«, dachte ich.

Wir waren rechtzeitig in der Gemeinde, wo vor dem Konzert noch geprobt wurde. Menschen, die uns vollkommen fremd waren, begrüßten uns. Sie waren so unfassbar freundlich, als würde man sich schon ewig kennen. Tanja war - wie gesagt - mit dabei und Manuel wusste, dass sie - genau wie ich - auch als Vocal Coach arbeitete. So war es wenig überraschend, dass er sie direkt zum Mitsingen einlud. Zu meiner Überraschung stimmte Tanja zu. Eigentlich steht sie gar nicht auf solche Überrumpelungen.

Innerhalb kurzer Zeit spielten wir zwölf - für uns unbekannte - christliche Lieder und versuchten auch dazu zu singen. Oh Wunder, oh Wunder - was für ein schöner Abend. Zu Hause dachte ich später noch einmal über alles nach. Also als Gesangsschüler war Manuel ganz sicher nicht zu mir gekommen. Da steckte doch etwas - oder jemand anderes dahinter ….

Kapitel 4
Christ werden, aber wie ...
- Sind Christen eigentlich christlich oder religiös? -

Wenn man - so wie ich - im Prinzip gar nichts darüber weiß, dass die Dinge für einen Christen nicht nur anders, sondern sogar besser laufen könnten, ist der Weg dorthin alles andere als klar.

Nach diesem Neujahrs-Lobpreis-Erlebnis erwachte irgendetwas Neues in mir. Ich bekam Lust. Lust auf mehr. Mehr von dieser Musik und darauf mehr zu erfahren über diesen Jesus, über Gott - diesen Vater aller Menschen - und auch über den Heiligen Geist.

Aus dem Konfirmandenunterricht waren mir Worte wie Trinität, Wiedergeburt, ewiges Leben und anderes noch gut in Erinnerung. Was das im Einzelnen bedeutete, davon hatte ich allerdings nicht die leiseste Ahnung.
Meine Berührung mit dem Glauben hatte nach der Konfirmation aufgehört. Ihr wisst schon, einfach Geld gezählt und abgehakt. Es war mir nicht wert, noch einen weiteren Gedanken daran zu verschwenden. Hochzeit in der Kirche? »Okay! Weihnachten ... Beerdigungen ... Ja! Gehört ja irgendwie dazu - aber wozu eigentlich genau?«

Nun war es wieder Manuel, mein Schüler und schon fast Freund, der mir eine Möglichkeit des Verstehens anbot. Er lud mich zu einem Alpha-Kurs - einem christlichen Grundkurs für Suchende - ein. Das fand ich spannend! Ein Grundkurs, der nicht speziell für diese Gemeinde, sondern für alle christlichen Kirchen - egal, ob Freikirche, Ev.-Luth. oder Kath. Kirche etc. angeboten wird. Mit ihm konnte ich erste düstere Gedanken an eine Sekte gleich über Bord werfen.
Ja, genau! Null Vorstellung von Freikirche, erst recht nicht von

Gottes Plan, aber gleich mal eine negative Vorstellung im Kopf haben – so war ich fast immer.

Ich sprach mit Tanja über diese Einladung und meinen Wunsch, da auch mal hingehen zu wollen. Ich bat sie, mich einfach zu begleiten. Sie war keineswegs glücklich über meinen Wunsch. Damals behauptete Tanja noch, dass sie mit »sowas« nun gar nichts anfangen könne und es eigentlich auch nicht wolle. Tanja und ich machen seit Beginn unserer Beziehung wirklich alles gemeinsam. Vor diesem Hintergrund stimmte sie dann doch zu. Die Kursankündigung klang einfach vielversprechend. Erst in Gemeinschaft lecker essen, danach einen Video-Vortrag hören und dann noch ein wenig darüber reden ... wirklich verlockend.

Der erste Abend kam und war echt der Hammer ... Hammer lecker und Hammer-anstrengend. Die Frau des Gemeindepastors hatte für die Teilnehmer gekocht und der Pionier der Alpha-Kurse Nicky Gumbel erzählte auf der Leinwand von seinem Weg zu Gott. Unzählige Eindrücke aus dem Vortrag brachen über mich herein. Das bedeutete fast das Aus für mich ...

Leider saßen in diesem Grundkurs für Suchende auch einige, - bereits lange in der Gemeinde aktive Christen (damals verwendete ich die Bezeichnung »Geschwister« noch nicht) - und diskutierten hinterher nach ihrem Verständnis über diesen Vortrag. Und das taten sie auf eine Art und in einer Lautstärke, die mir - als Neuling - wenig christlich erschienen. Sie vertraten ihre Meinung, als wären sie die Einzigen, die Gottes Schrift verstehen würden. Sie waren sich dann aber auch schnell darüber einig, was ein Suchender auf dem Weg zu Jesus alles machen und bedenken müsste. Wenn dir als Interessierter so etwas passiert, erscheinen dir die Menschen an so einem Abend völlig unsympathisch, absolut suspekt und etwas arg abgedreht, obwohl du sie noch gar nicht kennst. Postwendend kam mir die schon erwähnte Vorstellung, es mit einer Sekte zu tun zu haben, wieder in den Sinn. Dieser Abend war beeindruckend und zugleich entmutigend für Tanja und für mich.

Wieder war es Manuel, der nicht locker ließ. Er spürte, dass wir nicht so begeistert waren und nach einigen Gesprächen und Überlegungen dachte ich mir: »So schnell gibst du nicht auf!« Auf diesen Entschluss folgte dann wieder einmal einer dieser Zufälle! Oder war es Vorbestimmung?

Um das zu erklären, muss ich mal Zukunft und Vergangenheit an dieser Stelle miteinander verknüpfen. Gott hat einen Plan für jedes Leben und kennt seine Kinder - uns Menschen - schon lange bevor wir uns kennen. Er kannte meine zweite große Leidenschaft, das Kochen!

Als der zweite Abend des Alpha-Kurses anstand, rief Manuel mich überraschend an. Er erzählte mir, dass die Frau des Pastors ausgefallen sei und das Essen ausfallen müsste. »Schade!«, dachte ich und fragte spontan, ob ich das übernehmen dürfte. Manuel, als kleiner Rebell in der Gemeinde, stimmte zu. So durfte ich also an meinem zweiten Kurstag erstmals in der Gemeinde kochen und mein Gericht kam richtig gut an. Weil ich Lust dazu hatte und mir die Zeit dafür nahm, kochte ich danach auch an den folgenden Kursabenden.

Kurze Zeit später geschah dann etwas, was ich in dieser Gemeinschaft von freundlichen, herzenswarmen Menschen nicht erwartet hätte. Sie redeten hinter meinen Rücken über das, was ich da tat. Sie regten sich darüber auf, dass ein Nicht-Christ, ein Nicht-Gemeindemitglied, einer, der Jesus ja offensichtlich nicht kannte und kein Jünger war, in ihrer Küche

29

kochte. Da läge doch sicher kein Segen drauf und so einem könne man doch keinen Dienst anvertrauen!

Ich habe gekocht, weil ich das kann.

In diesem Moment wurde mir zum ersten Mal bewusst, was es heißt »in religiösem Denken gefangen zu sein«. Ich ahnte nicht, dass mich diese Denkweise auch in Zukunft begleiten sollte.

Allen Vorbehalten zum Trotz setzte Manuel sich durch und ich kochte weiter … einfach so, nur zum Spaß und für das Wohl der Kursbesucher. Ich folgte den Vorträgen und es gefiel mir sehr, was der Nicky so zu erzählen hatte. Nach diesen Abenden sprachen Tanja und ich oft sehr lange bei einem schönen Glas Wein über das Erlebte. Wir beschäftigten uns immer intensiver mit Themen wie Glaube, Christentum und dem, was es in uns auslöste.

Wir hörten viel über geistliche Erfüllung, über Impulse, die Gott in das Leben der Menschen gibt und über Heilung. Doch hörten wir nur davon - sehen konnten wir es leider nicht. Allmählich begannen wir, zu zweifeln. Konnte dieser Kurs wirklich zielführend für Tanja und mich sein?

Ohne das dazu gehörende Kurs-Wochenende erlebt zu haben, hätte ich hier mit Nein geantwortet. Doch es sollte anders kommen … Eine tolle Zeit außerhalb der Gemeinde in einer Jugendherberge zu verbringen, war für Tanja und mich nicht wirklich vorstellbar. Die Zeiten in der Gemeinde waren schon komisch genug. Trotzdem starteten wir dieses Wagnis und wurden reichlich belohnt.

Massive Vortrags-Sessions mit Nicky Gumbel auf der Leinwand, gemeinsames Essen, freie Zeit, für Spaziergänge und ein alles verändernder Lobpreis-Abend bestimmten dieses Wochenende.

Erzählen möchte hier aber nur von diesem Lobpreis-Abend.

Wie im Saal der Gemeinde gab es auch hier einen Beamer, über den die christlichen Texte an die Wand geworfen wurden. So fiel es mir leicht, zu Manuels Gitarrenspiel zu singen. Es kamen Lieder, die mich mit ihrer Aussagekraft und Emotionalität so überwältigten, dass ich weinen musste. Immer aufgewühlter wurde ich. Mehr und immer mehr Tränen rannen mir über das Gesicht.

Immer mehr Bilder der Vergangenheit tauchten vor mir auf und immer mehr Situationen, in denen ich schlecht gehandelt hatte. All das brach über mich herein.

Dann kam der Moment, wo der Pastor diejenigen mit einem Gebetsanliegen nach vorne bat. Ich hatte die ganze Zeit noch nicht gebetet und ein Gebetsanliegen hatte ich auch nicht. Dennoch zog es mich nach vorne. Es zog mich in die Mitte des Raumes, wo der Pastor mir seine Hand auflegte und für mich betete. Auf einmal spürte ich etwas. Ich fühlte mich hilflos und nach kurzer Zeit war es, als würde ein Staudamm brechen und viel von dem, was mich so lange schon belastet hatte, einfach aus mir heraus fließen. Ich fühlte mich kurzzeitig so unendlich leer und dann - wie ein Rauschen von Sturm - wurde ich mit einer Energie erfüllt. Das haute mich total um, machte mir aber keine Angst. Ich fühlte mich seit langer Zeit endlich einmal entspannt und sicher …

Nach diesem Erleben wusste ich, mein Leben würde sich grundlegend verändern. Gott hatte die Karten neu gemischt und ich durfte entscheiden, ob ich diese aufnehmen wollte, oder nicht. Ich wollte … Wollte dieses neue Blatt, dieses neue Gefühl …

Ich wollte Christ sein!

31

Kapitel 5
Als Christ wachsen …
- Lebe nicht ein Gefühl, sondern fühle Dein Leben -

Die Erlebnisse aus dem ersten Alpha-Kurs wirkten sich sofort massiv auf mein Leben aus. Ich erinnere mich noch genau: Ich kam nach Hause und saß einige Zeit allein in meinem Büro. Angestrengt lauschte ich in mich hinein. Ich wollte etwas hören, eine Stimme, vielleicht seine Stimme. Da gab es einige aus der Gemeinde, die diese wohl andauernd hören - erleben konnten … Ich nicht!

Dennoch spürte ich etwas und das veränderte mich total. Ich machte den Rechner an und löschte einige Mitgliedschaften in etwas anrüchigen Portalen. Außerdem beendete ich einige nicht so optimale Beziehungen und Lebensformen, weil ich sie so nicht mehr wollte. Von Tanja bekam ich dafür ein Lächeln. Ich hatte Lust auf mehr Gott und wollte Gottesdienste feiern, wollte nicht länger erst am Sonntagmittag aufstehen, sondern früh um neun Uhr in der Gemeinde sein und Manuel beim Lobpreis musikalisch unterstützen. Ich hatte Lust auf Gemeinschaft mit Menschen, die mit meinem bisherigen Leben nichts zu tun hatten. So wollte ich aber nicht nur - ich tat es auch.

Wer jetzt an dieser Stelle denkt »Wow! Alles toll!«, der irrt.

Ich bekam in der nächsten Zeit mit, wie Menschen sich verhalten, wenn sie durch neue Umstände an den Rand ihrer Komfortzone gebracht werden. Ich war so ein Umstand, denn ich war neu - aber nicht mehr jung. Ein gestandener Christ war ich nicht - aber ein Mann mit Lebensjahren und entsprechender Erfahrung. Ich habe mir schon lange nichts mehr aus Rangfolge und Ratschlägen gemacht und ein Ja-Sager würde ich auch nie werden. Kurz gesagt - ich war ein Rebell.

Nach dem ersten Gemeindeaufbäumen bei meinem Kochdienst rollte nun die zweite Welle auf mich zu. Man fragte: »Kann dieser Musiker, der sonst Pop und solch weltliche Musik spielt, eigentlich Lobpreis-Musik machen? Liegt da Gottes Segen drauf?« Eine wirklich interessante Frage - dieses »Liegt da Gottes Segen drauf?« …
Ich hatte keine Ahnung, was die damit meinten.

Genau genommen fiel mir dazu nur Folgendes ein …
»Gott liebt jeden Menschen gleichermaßen« oder »für Gott ist jeder gleich«, »Gott hat einen Plan für das Leben eines jeden von uns«, »Gott weiß schon alles über einen, bevor er auf die Welt kommt«,
»Gott hat seinen eigenen Sohn gegeben, um uns von unserer Schuld zu befreien«, »Gott zeigt Wege, aber er geht sie nicht für uns«. Plötzlich stehen da wirklich Christen vor mir, die unchristlicher nicht reden könnten? Menschen, die ohne Hintergrund an Gottes Plan für mein Leben und Dasein zweifeln?

Puh! Ein ganz schön harter Brocken, den ich da schlucken musste. Ich ließ mich davon aber nicht beeinflussen und hatte in Manuel - meinem Freund und geistlichen Mentor auch einen kleinen Revoluzzer an meiner Seite.

So machte ich mich auf, um Christ zu werden …
Ich hatte mich entschieden, ich wollte Jesus nachfolgen. Nun ist ja bereits in der Bibel festgeschrieben, welche Abläufe von Anfang an dazu notwendig sind. Ein Christ sollte wiedergeboren sein! Im Biblischen bedeutet das, er soll auf den Namen Jesu getauft sein.
Ich war doch getauft … und Mitglied in der evangelischen Kirche und dennoch war ich noch kein Nachfolger Christi? Warum nicht? Bis ich das so verstehen konnte, brauchte es ein paar intensive Gespräche mit dem Pastor der Gemeinde.

33

Ein klasse Mann, der auch erst auf Umwegen in Gottes Dienst eingetreten war. Er hatte viele Jahre etwas völlig anderes für seinen Lebensweg gehalten - das kannte ich und er war mir sehr sympathisch.

In diesen Gesprächen machte er mir klar, dass eine Kindstaufe eigentlich nicht Bibel konform ist, weil sich der Täufling nicht selbst für Jesus entscheiden kann. Aus diesem Grund kam ich zu der Überzeugung, diese Taufe für mich zu erneuern - aus freien Stücken, eigens von mir gewählt und gewollt.
Meine liebe Tanja hatte - durch mich und meine intensive Art - auch schon an all dem teil und erkannte die Notwendigkeit einer freiwilligen Taufe auch für sich. Das fand ich wirklich sehr schön und so freuten wir uns gemeinsam auf diesen Tag.

Ich/wir wollten einen ganz besonderen Tag daraus machen - unsere Taufe sollte etwas ganz Außergewöhnliches sein, so ein Erlebnis - ja, fast schon ein Lebens-Event. Gott sah das wohl etwas anders ...
Ich glaube heute, dass wieder zu viel »ich« in diesem Thema steckte. Es ging dabei wohl möglich zu sehr um meine eigenen Vorstellungen und Wünsche, aber zu wenig um Jesus.
Nicht, dass jetzt einer auf die Idee kommt, diese Taufe sei nicht gewollt gewesen - nein - Gott wollte sie schon. Aber er wollte uns auch gleich zu Beginn prüfen, ob wir es ernst mit ihm meinten. Später häuften sich die Prüfungen dann - aber dazu komme ich noch.

Ich wollte eine wirklich besondere Taufe - so wie Jesus getauft wurde, im Wasser halt - direkt in der Schlei in Schleswig. Akribisch suchten wir nach dem besten Zeitfenster der vergangenen Jahre, damit es möglichst warm, sonnig und schön sein würde. Trotz unserer Mühen kam es anders. Wir hatten uns anscheinend den einzigen Tag ausgesucht, an dem es nicht warm, nicht sonnig, nicht windstill und nicht schön war.

Nein - es war tatsächlich alles andere als das.
Mutig stiegen Tanja und ich trotzdem ins Wasser und ließen
uns taufen. Dann endlich standen wir patschnass und frierend
am Ufer der Schlei und waren glücklich. Wir haben es trotz der
widrigen Umstände getan. Den ersten Schritt in ein neues
Leben als Christen - ohne auch nur annähernd zu ahnen, was da
alles passieren würde.

Nachdem wir uns halbwegs trocken gelegt hatten, kamen
Glückwünsche aus der Gemeinde auf uns zu und …
Ratschläge!
Jeden Tag musst du in der Bibel lesen, jeden Tag intensive
Gebetszeiten, jeden Tag das und das und das - und, und, und...
Sofort wusste ich für mich: »Ich muss mal gar nichts!«
Ich wollte und konnte und tat nach meinen Möglichkeiten. Bei
dem einen geht so eine Transformation schnell, bei anderen
dauert es etwas. Ich gehörte zur zweiten Gruppe. Ich hangelte
mich so durch und war schon mit der Bedeutsamkeit der Zehn
Gebote völlig überfordert.

Nun probierte ich mich im Gebet. Ausreichend Material zum
Üben bekam ich von vielen lieben Menschen. Eines habe ich
dabei sehr schnell erfahren - immer, wenn ich betete, spürte ich
so eine enorme Wärme in mir. Das berührte mich so
unwahrscheinlich stark, dass ich mich nach Gebeten immer
total gut fühlte. Am Anfang klangen meine Versuche noch sehr
holperig und meine Bitt-Gespräche mit Gott fielen sehr kurz
aus. Ich wusste eigentlich auch gar nicht, wie man das richtig
macht.
Bianca – eine gute Freundin half mit einem Buch. Es hieß das
3-Minuten-Gebet.
Ein wirklich gutes Buch, das gut für einen Monat gereicht
hätte. Ich habe es verschlungen und war nach zwei Stunden
damit durch. Ich las und lernte dabei etwas ganz
Entscheidendes:

»Bete zu Gott so, als ob du mit einem Freund sprichst!«

Was für eine Aussage - das wollte ich ausprobieren und schon beim nächsten Gebet plapperte ich drauflos. Gott tat mir schon manches Mal leid - bei so viel Input, den er von mir bekam.
Es ging von Tag zu Tag besser - ich betete. Zu Anfang nur für eigene Belange und die von Tanja - dann kamen Kinder, Eltern und Freunde mit dazu …
So ging das weiter und heute bete ich für alles, was ein Gebet nötig hat und »wer hat keins nötig?!«

Ich war auf dem Weg…

Kapitel 6
Wenn du dich änderst,
ändert sich alles um dich herum ...

- von Entscheidungen, Freundschaften und nicht Alltäglichem -

Ich fange hier mal mit einem Satz an, der eigentlich in diesem Kapitel noch nichts zu suchen hat. Das Ganze kommt erst an anderer Stelle, aber dennoch:

»Der Carsten, den ich damals kennenlernte, war ein Arsch!«
Wer das sagte und warum - dazu wie gesagt später mehr ...

Ich war bisher alles andere als beliebt - anmaßend, überheblich und extrem geltungsbedürftig und auch in anderen Dingen nicht so ganz auf der richtigen Spur.

Gott hat sich nach der Sintflut geschworen, dass er nie wieder in radikaler Art Hand an das Leben der Menschen anlegt. Mittlerweile ist mir auch klar, warum ... weil diese Vorgehensweise bei uns einfach nicht mehr nottut. Wir schaffen das ganz von allein. Jawohl!
Ich meine, wir bekommen es super hin, nichts mehr von dem zu sehen, was gut und richtig ist. Wir könnten uns vernichten, ohne mit der Wimper zu zucken. Geradewegs alles in den Abgrund stürzen und uns gleich mit ...

»Warum?«, fragt ihr?
Nun, weil es einfacher ist, in der Brühe der Egozentrik, der Selbstsucht und der Gier mitzuschwimmen, als wissentlich die Missbilligung sogenannter Gutmenschen hinzunehmen und in Gottes Gnade zu leben. Diese Gnade kennen die meisten von uns im Regelfall ja nicht. Ich kannte sie jedenfalls nicht!
Gottes Gnade ... du kannst sie erfahren, wenn in der

37

dunkelsten Stunde deiner Not - in dem Moment, wenn Drogen und Gewalt von dir Besitz ergreifen könnten, in dem Moment, wo das Leben ausweglos und ein Beenden dieses Zustandes dir einfacher erscheint - in dem Moment, in dem ein Gebet über deine Lippen kommt …

Gern genommen:

»Gott - wenn es dich wirklich gibt - dann hilf mir!«

Oft ergänzen wir dieses dann noch mit Versprechungen wie:

»Ich werde von nun an immer in die Kirche gehen« oder

»Ab sofort lese ich auch jeden Tag in der Bibel«

oder auch

»Von jetzt an ändere ich mein Leben für immer.«

Glaubt mir, all diese Momente habe ich im Laufe meines Lebens durchlebt. Ich war so verloren, dass ich nicht mehr leben wollte. Dennoch schreibe ich das alles jetzt auf, folglich habe ich ja doch irgendwie weiter gemacht.

Ich fing zu beten an. In der Not konnte ich das immer schon wirklich gut und Not hatte ich damals wirklich viel und oft. Immer kam dann ein Gebet über meine Lippen. Nicht nur eins, sondern viele. Einige leise, einige sehr laut. Ich war wütend und böse beim Beten und habe oft jämmerlich geweint dabei.

»Hat das Gebet etwas verändert?«, fragt ihr? - Ja, hat es!!!

Vom ersten Moment an änderte sich etwas. Schon dieser Versuch, mit einem Gebet aus der Brühe aufzutauchen und ans Ufer zu gelangen, machte etwas mit mir. Gott machte für mich erkennbar … einfach mal nichts!

Nun könnte man meinen, wenn einer dann schon mal betet, sollte er ja irgendwas begriffen haben, oder? - Nein!

Ich hatte gar nichts begriffen. Nach kurzen Momenten der Ruhe machte ich mit meinem Leben genauso weiter wie bisher.

Moral war für die anderen - nicht für mich. Da lag eine Schlinge um meinen Hals und ich selber zog sie unaufhörlich zu.

Ich merkte es nicht mehr - aber ihm da oben gefiel es anscheinend nicht - dieser Selbstmord auf Raten. Also wurde ich krank …

Ich konnte nicht mehr richtig arbeiten, schlafen, Menschen ertragen und mich positiv darstellen … (etwas, das andere um mich herum nicht schlimm fanden).

Ich fühlte mich schlecht, mein Kreislauf versagte ohne erkennbaren Grund - ich war total am Boden. Und ich hätte so weiter gemacht - es bis zum absoluten Ende durchgezogen. Wollte mir und meiner Tanja doch etwas beweisen, was schon längst nicht mehr gewollt war! Immerhin war ich doch Leiter einer Musikschule, die doch so gut aussah. Die nach einer sauber hingelegten Insolvenz im zweiten Durchlauf doch hätte funktionieren müssen. Ich war doch früher einmal richtig gut darin!

Auch wenn es vielen anderen nicht klar war, ich merkte in dieser Zeit: »Diese Musikschule wollte ich nie.« Ich hatte sie nur aus einer wirtschaftlichen Not heraus gegründet. Eigentlich wollte ich immer nur eines - Musik machen.

Tanja hat sich auf mich eingelassen, obwohl mein Ruf nicht der Beste war. Sie hat meine Liebe erwidert - weil der Herr das so vorgesehen hat. Tanja war zu dem Zeitpunkt aber auch die einzige Kraft, die etwas bei mir bewegen konnte.

Mit Beginn der Osterferien 2016 setzte sie Gottes Plan für mein Leben um. Sie warf mich aus der Administration der Musikschule raus und sagte, dass ich meine Sachen packen und nur noch von unserem Home-Office aus arbeiten sollte.

Dieser Moment war meine größte Prüfung … plötzlich gab es nichts mehr, über das ich mich hermachen konnte.

39

Nichts mehr, was ich als Argument für meine Jämmerlichkeit nutzen konnte.

Ich saß zu Hause in meinem Büro und musste mich neu sortieren - und das tat ich dann auch. Ich plante und plante - mehr, immer noch mehr … und schon wieder war da nur ich, ich, ich …

Ich hatte das Talent der überzeugenden Rede und dieses setzte ich in 2016 sehr gut ein, überzeugte Menschen davon, meiner großen Idee von einer musikalischen Karriere zu folgen und sie taten es. Ich plante meinen Neustart als erfolgreicher Bandleader der neu gegründeten Formation »Farvenspeel« und hatte Erfolg. Im ersten Moment gab es nur begeisterte Mitwirkende.

Ich hatte es aber immer noch nicht begriffen.

Immer noch nicht konnte ich machen lassen! Ich ging ja nun schon mit Jesus - dachte ich jedenfalls. Aber so richtig stimmte es wohl nur, wenn ich gerade mal Zeit dafür oder eine Not hatte. Immer dann, wenn etwas anstrengender wurde, kam ein Gebet oder ähnliches über meine Lippen. Leider glaubte ich maximal halbherzig. Hinterher ging ich direkt, d.h. viel zu schnell, wieder zur normalen Tagesordnung über.

Ich trug ja die Verantwortung - wollte ihr gerecht werden und gerade meinen Musikerkollegen zeigen, dass ich es richtig drauf hatte. Na, glaubt irgendwer von euch, es hätte funktioniert? Natürlich nicht!

Mein Antrieb, meine Leidenschaft und mein Wunsch reichten nicht für alle. Ich konnte meine Mitstreiter mit meinen Gedanken nicht glücklich machen und halten konnte ich sie auch nicht.

In dieser Zeit aber merkte ich etwas - eine Veränderung - in mir. Auch Tanja fiel sie auf … Ich drehte ausnahmsweise mal

nicht am Rad - ja, blieb sogar relativ entspannt - für meine
Verhältnisse zumindest.
Tanja wollte wissen, wie das sein konnte?
»Ich habe darüber gebetet«, sagte ich ihr. Sie gab keine
Antwort darauf.
Ich wurde sehr viel ruhiger, entspannter und nahm mir Zeit.
Auf einmal konnte ich sachlich entscheiden, nicht so emotional
wie früher immer.

Es tat mir gut, zu beten. Ja, das Beten tat mir echt gut. Seit
dieser Erkenntnis betete ich viel mehr. Ich tat es auf viele
verschiedene Arten - aber immer so, als wenn ich mit einem
Freund sprach. Ich wollte nicht voller Angst beten, oder so
ehrfürchtig sein, dass ich über den Boden rutschte. Irgendwie
dachte ich noch, dass ich mich dadurch erniedrigen würde und
meine Selbstachtung verlieren könnte. Rückblickend ja
komisch, denn Selbstachtung hatte ich schon lange nicht mehr.
Doch sie kam zurück - sie wurde mir geschenkt.

Mein Wesen veränderte sich rasend schnell und mit dieser
Veränderung kamen auch Entscheidungen auf mich zu. Ich
mochte einige Menschen nicht mehr. Das merkte ich, als das
feste Band der vermeidbaren Abhängigkeiten zerriss. Andere
Menschen hingegen - Menschen, mit denen ich mich früher nie
an einen Tisch gesetzt hätte, erschienen mir auf eine gewisse
Art interessant. Ich hatte Lust bekommen, auf Gespräche auf
persönliche Geschichten und auf Ehrlichkeit.

War mir schon etwas suspekt - ich als wirklich unehrlicher
Mensch mochte Ehrlichkeit und litt unter Menschen, die mir
ins Gesicht logen und nicht einmal merkten, dass sie dabei
erwischt wurden.
In dieser Zeit traten Menschen in mein Leben, die auch heute
noch da sind. Musikerkollegen, die trotz einer anderen
Zielsetzung meines Seins immer für mich da sind und auf

41

Abruf ein Teil meines Traums sein können und wollen.
Aus der Vision von der großen Band blieb Nadine übrig. Sie ist
viel mehr für mich, als nur Sängerin und gute Seele, Sie ist die
Frau meines besten Freundes und ich bin unendlich glücklich,
dass ich das wieder sagen kann: »meines besten Freundes«.
Zu diesem mich verändernden Zeitpunkt tat mein Arzt einen
ganz entscheidenden Satz: »Möchtest Du noch etwas länger
leben, dann ändere Dein Leben!!!« Er meinte dabei nicht die
Dinge, die ich esse, trinke oder genieße. Er meinte die
Umstände, die mich immer noch krankmachten.

Hier eine kurze Aufzählung - nicht nach Reihenfolge und
Wertigkeit, sondern so, wie sie mir gerade einfallen.
Musikschule, Büroarbeit, Steuerberater, Mitarbeiter, Anwälte,
Mietverträge, Lügen, religiöse Christen, Gewalt usw.

Ich hatte das nie so gesehen, immer gelacht und ein nettes
Gesicht gemacht und mich zu oft selbst belogen. Ich hatte
keinen Bock mehr. Deshalb bat ich Tanja um ihr
Einverständnis, die Schule zu verkaufen.
Lange Abende und Nächte der Beratung, der Überlegung und
Planung folgten, bis wir uns Ende 2016 entschlossen, unsere
scheinbare Existenzgrundlage zum Verkauf anzubieten. Es gab
eine gut berechnete Summe - als Erlös auf dem Papier - wäre
schön gewesen, wenn es so gelaufen wäre.

Ein Kollege - und Freund - wollte sich dieser Aufgabe stellen,
unsere Aufbauarbeit der Musikschule fortsetzen und
akzeptierte im ersten Durchgang auch den Preis. Alles schien
perfekt - bis zu dem Tag, als wieder einmal (s)ein Steuerberater
unseren Plan zunichtemachte und es mir etwas flau wurde.
Auf einmal stand ein Angebot von knapp der Hälfte unseres
Preises im Raum.

Als unser potentieller Käufer diesen Betrag aussprach und auch

argumentierte, wurde mir richtig warm. Ich lief innerlich auf volle Drehzahl und glühte wie ein Hochofen - allerdings nicht vor Wut oder einem ähnlichen emotionalen Zustand.
Es war eine Wärme der Gewissheit, die mich durchströmte - so ungefähr wie am Abschlussabend des Alphakurses, in dem ich vom Heiligen Geist berührt wurde. Dieses Gefühl in mir ließ mich - ohne zu zögern - diesem irren Kaufpreis und dem Wissen auf vielen Schulden hängen zu bleiben, einfach zustimmen.

Tanja sah mich zwar mit großen Augen an - sagte aber nichts. Dafür war ich ihr dankbar. Ich konnte mein Tun echt nicht erklären, wusste nur, dass es die 1000-prozentig richtige Entscheidung war.

Keine Hintertür mehr offen gehalten und einfach einen fetten Strich unter alles gezogen, um schließlich - nach langer Zeit - wieder das zu machen, was ich eigentlich immer wollte.
Musik!

So kam es dann auch, ich machte Musik - mit der Band und auch noch als Chorleiter und als Vocal-Coach. Endlich hatte ich mehr Zeit für die so lieb gewonnene Lobpreis-Musik und das Wirken in unserer Gemeinde.

Ich fühlte mich so frei, wohl und sicher wie seit Jahren nicht mehr!

Kapitel 7
Reichtum findest du nicht auf dem Konto ...
- vom Segen sich versorgt zu fühlen -

Nun war es amtlich ... Schule verkauft und auf einem Haufen Schulden hängen geblieben.

Es ist ja nicht so, dass wir die Dinge nicht regeln wollten, man ließ uns nur einfach nicht. Immer wieder wurden wir von wirtschaftlichen Schatten der Vergangenheit eingeholt. Sie zerrten an unserer Existenzgrundlage.

In diesem Moment flüsterte mir etwas in mir zu: He Carsten, musiziere viel häufiger in Kirchen!
Kurze Anmerkung an dieser Stelle - das hatte ich schon mit meiner ersten Formation »Zweistimmig & Freund(e)« gerne gemacht. Konzerte in Kirchen mit einem Programm aus Pop, Folk und Schlager ... immer ohne Eintritt zu verlangen. Wir sammelten damals nach den Konzerten. Die sogenannte »Hutgage« reichte für gewöhnlich, weil wir ja noch Einnahmen aus der Schule hatten.

Jetzt war es aber anders, denn ich wollte auf einmal mit einem christlichen Programm los - ohne Eintritt und ohne jegliche Garantie spielen. Dieses auch noch zu einer Zeit, wo keine anderen Einnahmen mehr zu erwarten waren. Ich glaube, einige haben mir heimlich - hinter vorgehaltener Hand - einen Vogel gezeigt und wenn ich so darüber nachdenke, war mir selbst nicht ganz wohl dabei. Trotzdem tat ich es. Ja, ich tat es und es fühlte sich gut an. Erste Station: Harz!

So bestieg ich nach einer spannenden Vorbereitungszeit mit meiner Tanja ein gemietetes Wohnmobil und wir fuhren für 10 Konzerte in den Harz. Es war die erste Tour mit einem christlichen Programm in Kirchen. Man könnte meinen, dass dieses problemlos laufen würde - aber weit gefehlt - es scheint hierzulande nicht üblich zu sein, in Kirchen über Anbetung von Gott oder unserem Herrn Jesus Christus zu singen oder zu erzählen. Was ich da so alles von Dienern der Kirche (Pastoren, Diakonen, Predigern usw.) gehört habe, ließ mich erheblich an der richtigen Berufswahl dieser Menschen zweifeln.

Dennoch gab es genug Kirchengemeinden, die uns zu sich einluden. Sie boten uns von Stellplatz über Brötchen fürs Frühstück bis zur Dusche in ihrer Wohnung und anderen Zuwendungen viele Annehmlichkeiten. Zu ersten Mal fühlten wir uns unerwartet versorgt.

Natürlich hatte ich - als Kaufmann - eine vorläufige Kalkulation im Hinterkopf. Es waren ja doch erhebliche Kosten, die es zu stemmen galt. Von diesem Standpunkt her wäre das eine oder andere Konzert dieser Tour wohl eher ein Flop gewesen, doch ich darf Euch sagen - kein Einziges verdient eine solche Bewertung. Jedes dieser Konzerte bewegte Menschen auf eine so starke emotionale Art. Jedes Einzelne von ihnen bewegte auch uns und schenkte Glückseligkeit. Darüber hinaus war das Ergebnis nach der Tour unter dem Strich ebenfalls absolut gesegnet. Auch hier waren wir versorgt.

Mein Reichtum aus dieser Erkenntnis ist der geistige Prozess in mir. In meiner Argumentation, ein eintrittsfreies Konzert anzubieten, betone ich immer gerne: »Wir wollen niemandem die Kirchentür für ein Konzert durch eine Eintrittskarte verschließen!«
Jeder Mensch soll kommen können, egal ob er es sich leisten kann oder nicht. Jeder darf im Anschluss an das Konzert für uns spenden. Hierbei ist es absolut egal, wer wie viel oder überhaupt gibt. Es gibt keine Wertung, ob es viel war oder wenig.

So gibt es keine Enttäuschung und man kann sich völlig auf seinen Dienst konzentrieren.

Es gehören aber noch viel mehr Aspekte in den Bereich »Reichtum« hinein. Familie, Gesundheit, Freunde, Zeit und auch Menschen allgemein ... All diese Dinge sind mein Reichtum, den ich zu hüten versuche.

Familie:
Ich fange mal bei meiner Mutter an - und ich möchte sie im Verlauf liebevoll Mutti nennen:
Mutti ist einfach der Mensch, der im Zusammenhang mit Unverständnis, Verärgerung und Sorge immer zu mir gehalten hat. Ihr denkt sicher »Na klar, sie ist ja auch die Mutter.« Aber, so klar ist das gar nicht. Die größten Verletzungen in meiner Jugend habe ich meiner Mutti angetan. Durch Lügen, Betrug und Hintergehungen hätte Mutti allen Grund gehabt, hier mal einen richtig fetten Schlussstrich zu ziehen. Sie tat es aber nicht! Mutti wird heute zwar immer noch von Sorgen gequält - aber das werden Eltern ja wohl immer ...
Auch heute sorgt sie sich noch um mich/uns und versorgt uns auch, wenn es nicht reicht.

An Muttis Seite steht seit 28 Jahren Jochen - mein Stief-Papa ... Selbst wenn die beiden nicht geheiratet haben, ist er wie ein Vater für mich. Manches Mal sind die zwei wie Katz und Hund, aber sie lieben sich auf eine unfassbar schöne Art.

Dazu gesellt sich meine Tochter Annika. Sie ist das erste meiner Kinder, das mir vergeben hat. Diejenige, die meinen ersten Koffer für die Reise zum Christ werden packte und vermutlich unendlich oft für mich gebetet hat. Ihre Familie ist toll und ich bin glücklich, dass ich sie alle habe.

Zum reichsten Mann der Welt wurde ich erst vor kurzer Zeit,

46

weil mein Sohn, zu dem ich über 10 Jahre keinen Kontakt hatte, wieder offen für mich ist. Es liegt sicher noch etwas Arbeit vor mir - so mancher Schmerz muss halt noch verarbeitet werden - aber: Ich habe meine Kinder zurück. Auch Oliver ist ein gestandener Mann mit eigener Familie … und Familie ist so unendlich wichtig.

Freunde - so richtig echte, die auch bleiben, wenn's brenzlig wird - Freunde habe ich jetzt!

Da wäre z.B. Bianca. Erinnert ihr euch noch an den Ausspruch: »Hey Carsten, als ich dich seinerzeit kennenlernte, warst du echt ein Arsch!« Das kam von ihr. Obwohl es mir nicht schmeckte, als sie es aussprach, es stimmte! Sie ist unfassbar lieb und hilfsbereit. Ich spüre, uns verbindet etwas Großes, etwas, das Gott gelenkt hat … Sie bereichert mein Leben. Sie hat manche Veränderung, manche Erkenntnis begleitet und ohne sie wäre mein Leben - so wie ich es jetzt führen darf - gar nicht möglich. Bianca ist Freundin, geistliche Schwester und Unterstützerin. Mit all dem, was sie durch ihre Art, ihre Gedanken, ihre Freundschaft gab - bis hin zu unserem Weg nach Dänemark - stehe ich (auch, wenn sie es nicht hören will) tief in ihrer Schuld. Über ihrem eigenen Leben steht ein großes »Trotzdem«. Unwägbarkeiten pflastern ihren Weg und sie steht - inzwischen sogar mit Rollstuhl - ihre Frau. Ihr Dasein inspiriert und motiviert mich und die Menschen um sie herum. Wir sind heute »Nenn-Geschwister«, denn ich habe sie zu meiner Schwester im Herzen gewählt.

Auch Manuel, meinen christlichen Mentor, nenne ich meinen Freund. Ohne ihn wäre ich heute wohl noch nicht so weit, so überzeugt und glücklich ein Christ zu sein. Er ist nicht älter als mein Sohn Oliver, manchmal etwas verplant, aber ein echter Typ. Ich habe viel Zeit mit ihm im Gespräch verbracht, gute Ansätze bekommen und kleine Hilfen aus meiner

47

Lebenserfahrung zurück gegeben. Es ist oft so, dass Helfende selbst auch Hilfe benötigen. Da ist es gut, sich gegenseitig Gutes zu tun

Und auch Nadine und Volker - meine kleine »Country-Lady« als Sängerin in unserer Band und ihr Mann - mein bester Freund.
Ohne die Beiden wäre mein Leben um ein Vielfaches ärmer, trist und nicht so italienisch. ;-) Ich liebe unsere Ramazzotti-Abende.

Mit Menschen möchte ich hier weitermachen.
Wobei jedem eines bewusst sein sollte. Menschen können auch Armut in einem auslösen und ich rede hier nicht von wirtschaftlicher Armut!
Aber eigentlich möchte ich an dieser Stelle über die anderen Menschen berichten - Menschen, die auch mit Gottes Plan ausgerüstet sind. Menschen, ohne die es einen Teil meines Reichtums nicht gäbe.

Abschließen möchte ich diesen kleinen Teil über meinen Reichtum aber mit dem wichtigsten Menschen in meinem Leben - meiner Frau Tanja! Meine Tanja ist alles, und ohne sie wäre da nichts...

Dieser Reichtum ist ein echter Segen! Ich danke dem Herrn jeden Tag dafür!

Kapitel 8
Unerwartet Zeit bekommen...
- wie ein Gefühl, ein Weg, ein Gedanke
zu einer Gewissheit wird -.

Mit diesem Kapitel schließe ich dieses erste Buch ab. Nun dachte ich mir - man braucht für eine Autobiografie sicher einen richtigen Kracher zum Schluss. Mir kam aber echt nichts Passendes in den Sinn und so lag das Manuskript für ein paar Wochen unbeachtet auf meinem Rechner. Doch dann passierte es … »Corona« kam und sollte mein (wie unser aller) Leben unwiderruflich verändern …

Von einem Moment auf den anderen stand ich ohne Arbeit da - quasi mit einem Berufsverbot belegt - noch dazu im Ausland, weit weg von Familie und Freunden.

Unser vorhandenes Kapital ins Haus und das neue Leben in Dänemark gesteckt und mutig die Einnahmen für das laufende Jahr geplant. Dieser Virus krempelte das alles schlagartig um, sodass ich bzw. wir plötzlich mittellos waren. Alle Aufträge für Monate storniert, Grenzen dicht und keine Lösung in Sicht. In mir breitete sich ein wirklich unangenehmes Gefühl aus. Das war so nicht zu schaffen!

Dann der erste Lichtblick - Soforthilfen für Solo-Selbständige und Künstler. Ich freute mich mit meiner Tanja über etwas positivere Aussichten. Doch diese Freude hielt leider nicht lange an … schon nach kurzer Zeit wurde klar:

»Das alles trifft auf uns NICHT zu!«

Soforthilfen sind ausschließlich für Betriebskosten zu verwenden. Gerade diese haben wir jetzt aber gar nicht mehr. Wenn man als Künstler nirgends auftritt, hat man auch keine

49

Betriebskosten. Gewerbemiete oder ähnliches fallen auch nicht an und Personalkosten haben wir ebenfalls nicht. Fazit: KEINE Unterstützung!

Danach kam der nächste Rettungsschirm: »Die GEMA unterstützt ihre Mitglieder, die als Autoren und Musiker gleichermaßen unterwegs sind.«
»Supi«, dachte ich - das trifft auf mich zu ... doch, als der Antrag kam, stellte es sich ganz anders dar. Zum einen sollte eine mögliche Unterstützung als Vorauszahlung auf Tantiemen aus 2020 verrechnet werden, die in 2021 ausgezahlt würden.

Mal ehrlich, wenn ein Künstler in 2020 nicht arbeiten darf, kann er auch keine GEMA Tantiemen erspielen. Womit soll da also verrechnet werden?

Zum anderen stand in dem Antrag, dass die Grundlage für eine Hilfe nur Fremdverträge gelten und Eigenkonzert nicht berücksichtigt werden könnten. »Ups!« - 80 % meiner Einnahmen kommen aus Eigenkonzerten - in Kirchen mit christlichem Programm. Angeblich lassen sich diese Konzerte nicht richtig erfassen - wohingegen ich aber für genau diese Eigenkonzerte auch GEMA Gebühren zahlen muss.

Es tat sich wie so oft in früheren Zeiten ein großes schwarzes Loch in mir auf - nur, dass ich dieses Mal nicht einmal ansatzweise hineinfiel.

Tanja und ich setzten uns zusammen - so wie eigentlich immer - und beratschlagten unsere nächsten Schritte. Schließlich fingen wir damit an, kleine Videos mit christlichen Liedern aufzunehmen und die dann ins World Wide Web zu stellen. Wir wollten einfach ein Gefühl von Arbeit - von Produktivität - spüren.

Wir taten, was wir konnten und baten um Unterstützung ... und erfuhren einen unfassbaren Segen durch unsere Familie und von christlichen Geschwistern - ja, sogar von Menschen, die wir nicht einmal kannten.

Wir wurden so gesegnet, dass wir es nicht ansatzweise beschreiben können. Dankbarkeit und Demut sind das Wenigste, was wir dafür geben können.

Ein kleines Beispiel dieser Gott gefügten Herzenshaltung möchte ich dennoch zum Abschluss dieses Buches anführen: Tanja und ich hatten die ersten 3 Wochen des Corona-Lockdowns überstanden und von einigen unserer Glaubensgeschwister eine wirklich großzügige Unterstützung erfahren.

Dann, an einem Samstagnachmittag - wir saßen in der Küche unseres Hauses - beobachteten wir, wie ein Pärchen mit Fahrrädern auf den Hof fuhr. Sie sahen sich etwas unsicher um und Tanja ging zur Tür. Es war ein dänisches Ehepaar auf Radtour. Sie hatten einige unserer Worship-Videos bei Facebook gesehen und wollten einmal schauen, wo wir wohl wohnten. So luden wir sie in unseren Garten ein, um mit uns - natürlich mit Abstand - einen Kaffee zu trinken.

Daraus wurde eine einstündige Unterhaltung in einem Mix aus Dänisch und Englisch. Es machte uns echt Freude und wir waren sehr berührt von dieser Begegnung. Als die beiden schließlich wieder aufbrachen, überreichten sie uns einen Umschlag. Den hatten sie eigentlich in den Briefkasten werfen wollen. Er war gut gefüllt mit dänischen Kronen, was uns total sprachlos machte!

Viele Geschwister aus unterschiedlichen Kirchengemeinden erzählten uns immer wieder, dass Tanja und ich gesegnet seien und der Herr Großes mit uns vorhabe.

Wir glauben es, denn gerade in dieser wirtschaftlich schweren Zeit wurden wir versorgt …

Mut wird immer wieder erkannt und belohnt - nicht nur hier, sondern auch durch unseren Herrn Jesus Christus - Vater, Sohn und heiligen Geist.

Seid gesegnet auf dem Weg
vom Suchenden zum Erkennenden!

Nachwort

Es gibt sicher längere, dickere Bücher! Es gibt bestimmt auch noch vieles, was ich hätte schreiben sollen oder können. Nun, ein Anfang ist gemacht! Gedacht sind diese Seiten vor allem als persönliche Aufarbeitung einer Lebenshälfte - die demnächst erreicht ist. Nein - ich habe mich nicht verrechnet. Biblisch gesehen könnte ich - aufgrund der gottgegebenen Möglichkeiten - 120 Jahre alt werden. Aktuell bin ich im 59. Lebesjahr - so gesehen also noch nicht in der Mitte meines Lebens angekommen.

Das ist ein Motor, der mich antreibt, der mir Inspiration zu weiteren Projekten, Diensten und für immer mehr christliche Musik ist.

Mein Dank gilt dem Herrn, unserem Schöpfer - mit einer Liedzeile von Albert Frey möchte ich ihn ausdrücken: *»Und ich danke Dir, dass Du mich kennst und trotzdem liebst!«*

Auch meiner Mutti danke ich für ein unendlich schönes, gegebenes Leben.

Ich danke meinen Kindern. Ihr nennt mich heute Vater und habt mich nach Jahren auch zu einem gemacht.

Großer Dank gebührt meinem (Stief)Papa Jochen! Du hast Mutti so angenommen, wie sie ist und ihr - nach vielen schlechten Jahren - Lebensfreude geschenkt.

Ich danke Bianca - ohne Dich wäre nichts so, wie es ist. Niemals vorher habe ich einen derart vom Schicksal getroffenen Menschen mit so viel Herzlichkeit, Lebensfreude und Großmut kennengelernt. Du hast einen ganz besonderen Platz in meinem Herzen.

Ich danke auch Manuel, meinem Freund! - Du hast mir so unendlich viel gegeben. Schön, Dich zu kennen.

Sowie Nadine und Volker - Nie mehr ohne Euch!
Ihr seid die Menschen, mit denen wir unser Leben teilen würden.

Der letzte und größte Dank jedoch geht an … meine Frau - Freundin - Muse - Kritikerin … an Dich, meine Tanja!
Ohne Dich war ich nie, wäre ich nicht mehr und ohne Dich will ich nie mehr sein!
Ich liebe Dich!

Doch auch entschuldigen will ich mich! …
Bei allen, denen ich im Laufe der Jahre Unrecht getan habe.
Bei denen, die ich verletzte und denen, die unter meinen schlechten Momenten zu leiden hatten.

Ich selbst will auch all den Menschen vergeben, die mir gegenüber weniger freundlich, ungerecht und verletzend waren.

Wir alle sind Gottes Kinder und dürfen in der Gnade des Herrn leben.

Friede mit Euch - seid gesegnet

**Euer,
Carsten Arndt**

Ein "Extra" für Euch

Das kleine Song-Book

Dich anbeten Herr

Intro: E – E7 // 4x

Verse 1
```
E                        A
Deine Liebe, Deine Größe  -  Deine Stärke
für immer unbeschreiblich

E                       A
Deine Nähe, Deine Wunder  -  Deine Taten –
                      E                          A
lassen mich Dich anbeten Herr – lassen mich Dich anbeten Herr
```

Verse 2
```
E                      A
Deine Gnade, Deine Worte   -  Deine Pläne

für jeden der Dir nachfolgt
E                          A
Deine Schönheit, Deine Höhe  -  Deine Reinheit
                    E                      H
so einzigartig wie Du Herr – so einzigartig wie Du Herr
```

Refrain:
```
       E     A  H      E
Dein Licht erhellt Nacht oder Tag
              A       H        E
bei Dir find ich Antwort – egal was ich frag
C#m    A      H
Vater Du hast mich lieb
E      A      H      E
In Deinem Haus – bin ich nicht allein
             A      H        E
ich stand vor der Tür und durfte hinein

C#m     A      H    A    C#m     H
Vater Du hast mich lieb – Vater Du hast mich lieb
```

58

Keines Zwischenspiel: E – E7 // 2x

Verse 3
Meine Sünden, meine Schwächen, schlechte Taten
die hast Du mir vergeben.
Durch den Weg den Du an`s Kreuz gingst - darf ich leben
in Deinem Haus für immer Herr – in Deinem Haus für immer Herr.

Refrain: 1x
Bridge:
C#m   A
Deine Stärke, Deine Größe, Deine Liebe – lässt mich anbeten.
C#m   A
Deine Taten, Deine Wunder, Deine Nähe – lässt mich anbeten.
C#m   A
Deine Pläne, Deine Worte, Deine Gnade – lässt mich anbeten.
C#m   A
Deine Reinheit, Deine Höhe, Deine Schönheit –
                          C#m
lässt mich anbeten Herr
                    A   C#m
lässt mich anbeten Herr – lässt mich anbeten Herr
                  A > H
lässt mich anbeten Herr

Refrain:
      E   A   H   E
Dein Licht erhellt Nacht oder Tag …..........

T&M Carsten Arndt, GEMA 959058
CCLI-Liednummer 7120091
© 2018 elbaufwärts music publishing // elbaufwärts entertainment GmbH

Ewigkeit

Gitarre Capo IV

Verse 1
G   C   G
Viele Jahre die man sich schon kennt
         C   G
die Zeit fast spürbar durch die Finger rennt
F   C
Man wird älter Stund um Stund –
          G
fühlt sich fit, stark und gesund

Verse2
G   C   G
Jeder weiß es muß zu Ende geh`n
       C   G
doch das Ende will echt keiner seh`n
F   C   G
Man lebt weiter in den Tag - blendet aus was kommen mag.

Refrain:
D   C
Und Du sagst du siehst ein Licht
          G   C - G
und ich weiß Du gehst hinein
D   C   G   C - G
auf der andren Seite wird das Leben nicht zu Ende sein.
D   C
Du sagst es ist fast wie nach Hause geh`n
D   C
Du sagst wir werden uns wohl wieder seh`n

D   C C   C
Zusammen sein für alle E – wig – keit......

Zwischenspiel: G

Verse3
Unendlich oft hat man es schon geseh`n
Unendlich oft wird es wohl noch gescheh`n
das Wege auseinander geh`n, auch wenn wir es oft nicht versteh`n.

Verse4
Unsere Zeit hier die dauert nicht sehr lang
jeder geht hier weg, so wie er kam
dein Lebe hier ist nur geborgt, beim Vater bist Du gut versorgt.

Refrain:

Zwischenspiel eine kompletter Verse

Coda:
D   C
Du sagst es ist fast wie nach Hause geh`n
D   C
Du sagst wir werden uns wohl wieder seh`n
D   C   C   C
Zusammen sein für alle E – wig – keit......

T&M: Carsten Arndt GEMA 959058 Januar 2018
CCLI-Liednummer 7120229
© *2018 elbaufwärts music publishing / elbaufwärts entertainment GmbH*

Ich bin der ich bin

Intro: D - Dmaj7 - Em - A

Verse:

D   Dmaj7   Em   A
Wenn alles fällt fängst Du mich auf, so bist Du

D   Dmaj7   Em   A
Wenn alle geh`n gibst Du mich nicht auf, so bist Du

Pre-Chorus:

                Hm   F#m
Und wenn der Mond und die Sterne fallen
      G   A
dann bleibst Du treu bei mir
                    Hm   F#m
Und wenn die Berge und Täler erzittern
      G   A
halt ich mich fest an Dir

Chorus:

                  D   Hm
Denn Du bist der – ich bin der ich bin
          F#m   A
Herr aller Zeiten, in Stärke und macht.
                  D   Hm
Denn Du bist der, ich bin der ich bin
          F#m   A
treuer Begleiter in tiefster Nacht.
      G   Em   A   D
Von Ewigkeit zu Ewigkeit bist Du – „Ich bin der ich bin"

Verse:

Wenn alles schweigt – sprichst Du mich an, so bist Du
Wenn nichts mehr geht dann spornst Du mich an,
so bist Du.

62

Pre-Chorus:
Und wenn die Meere und Flüsse verebben
Dann stehst Du fest zu mir
Und wenn die Wolken den Himmel verdecken
schau ich doch hoch zu Dir

Chorus:
Denn Du bist der – ich bin der ich bin
Herr aller Zeiten, in Stärke und macht.
Denn Du bist der, ich bin der ich bin
treuer Begleiter in tiefster Nacht.
Von Ewigkeit zu Ewigkeit bist Du – „Ich bin der ich bin"

Pre-Chorus:
Auch wenn die Völker Dein Wort nicht mehr hören
sprichst Du noch laut zu mir
Und wenn sie alles aus Habgier zerstören
erschaffst Du neues hier.

Chorus:

Denn Du bist der – ich bin der ich bin
Herr aller Zeiten, in Stärke und macht.

Denn Du bist der, ich bin der ich bin
treuer Begleiter in tiefster Nacht.

Von Ewigkeit zu Ewigkeit bist Du -
Von Ewigkeit zu Ewigkeit bist Du -
„Ich bin der ich bin"

Text & Musik: Carsten Arndt, Manuel Erdel - GEMA 959058
CCLI-Liednummer 7120230
© 2018 elbaufwärts music publishing // elbaufwärts entertainment GmbH

Vater hilf mir durch die Nacht

Intro: F – Am – F – Am – F – Am – G

Chorus:
```
     F                Am         F              Am
Vater hilf mir durch die Nacht – Vater gib gut auf mich acht
        F            Dm           G
das das Böse mich nicht mehr versuchen kann.
           F         Am      F     G     Am
Herr dann bete ich Dich an, preise Dich so laut ich kann
           Dm           F      G        C       - F - G-
Herr mein Leben und mein Wirken dient nur Dir.
```

Verse1:
```
F            Am          F              Am
Wieder geht ein Tag vorbei – geführt nur durch Dein Wort
     F           Am         F            G
Millionen Stimmen preisen Dich – an so manchem Ort.
     F          Am      F       Am
Wie viel Gebete in der Not wurden heut erhört.
F           Am           F       G
Wieviel Böses wurde heut durch Liebe ganz zerstört.
```

Pre-Chorus:
```
Dm                    Am
Zeig mir Deine Herrlichkeit gib mir zum Glauben Kraft,
F                  G
schütze mich mit Zuversicht vor jeder dunklen Macht.
```

Chorus:
Vater hilf mir durch die Nacht
Vater gib gut auf mich acht,
das das Böse mich nicht mehr versuchen kann.
Herr dann bete ich Dich an, preise Dich so laut ich kann
Herr mein Leben und mein Wirken dient nur Dir.
Zwischenspiel: F – Am – F – Am – F – Am – G

Verse2:
Strahlend hell und wunderbar wirkt Dein Geist in mir
füllt mich aus, verändert mich – denn ich folge Dir.
Führ mich aus der Dunkelheit – lass mich widerstehen
Lass mich ohne Angst als Christ ganz fest im Leben stehn.

Pre-Chorus:
Zeig mir Deine Herrlichkeit gib mir zum Glauben Kraft,
schütze mich mit Zuversicht vor jeder dunklen Macht.

Chorus:
Vater hilf mir durch die Nacht
Vater gib gut auf mich acht,
das das Böse mich nicht mehr versuchen kann.
Herr dann bete ich Dich an,
preise Dich so laut ich kann,
Herr mein Leben und mein Wirken dient nur Dir.

Chorus / Tonartwechsel
D   G   Hm   G   Hm
Vater hilf mir durch die Nacht – Vater gib gut auf mich acht
     G   Em   A
das das Böse mich nicht mehr versuchen kann.
      G   Hm   G   A   Hm
Herr dann bete ich Dich an, preise Dich so laut ich kann
      Em   G   A   Hm
Herr mein Leben und mein Wirken dient nur Dir.
      Em   G   A   G
Herr mein Leben und mein Wirken dient nur Dir.

Outro: Hm – G – Hm
      Em   G   A   D
Herr mein Leben und mein wirken dient nur Dir

T&M: Carsten Arndt GEMA 959058
CCLI-Liednummer 7120090
© 2018 elbaufwärts music publishing // elbaufwärts entertainment GmbH

Wir beten Dich an

Intro:
Gmaj / Cmaj

Verse 1
Gmaj
Morgentau liegt noch auf dem Feld
Cmaj
Strahlend blau ist das Himmelszelt
Gmaj
heute wird ein wunderschöner Tag
Cmaj   Gmaj   Cmaj
ganz genau – so wie Gott es mag - wie Gott es mag.

Verse 2
Bunte Farben lässt der Herr entsteh`n
Jeder Mensch auf Erden soll sie seh`n
Weiße Tauben fliegen übers Meer
schön wenn überall auch Frieden wär – wenn Frieden wär

Chorus:
            D   Cmaj
Herr wir beten dich an -
            D   Cmaj
Herr zeig uns Deinen Plan
                    Gmaj
– was sollen wir tun.....
            D   Cmaj
Herr wir glauben an Dich....
        D   Cmaj
Herr verlasse uns nicht....
                D   Gmaj
wir werden nicht ruh`n – wir werden nicht ruh`n!

66

Kleines Instrumental: Gmaj - Cmaj // 2x

Verse 3
Jeden Tag – leben wir Dein Wort
segnen Menschen – ganz gleich an welchem Ort.
Unrecht wird ganz offen bloß gestellt
ganz genau so – wie es Gott gefällt – wie es Gott gefällt.

Verse 4
Vor Dir Herr – sind wir alle gleich
Deine Liebe macht uns auf ewig reich....
Dir zu dienen – jeden neuen Tag
bringt Zufriedenheit und macht uns stark – macht uns richtig stark!

Chorus:
Herr wir beten dich an -
Herr zeig uns Deinen Plan – was sollen wir tun.....

Herr wir glauben an Dich - Herr verlasse uns nicht
Herr wir glauben an Dich - Herr verlasse uns nicht....
wir werden nicht ruhen – wir werden nicht ruh`n!

Outro:
Gmaj // Cmaj

T&M: Carsten Arndt GEMA 959058
CCLI-Liednummer 7120245
© *2018 elbaufwärts music publishing // elbaufwärts entertainment GmbH*

Without the love of Jesus

Verse // Solo

```
E                               A       E
Without the love of Jesus – you lose so much
    A     E        H        A
You turn in circles - you dont get in touch
              E              A          E
Without the Holy Spirit - you feel pain in your heart
    A         E          H        E
you have so many questions - Your life is so hard
```

Verse // 3 stimmig

Without the love of Jesus – you lose so much
You turn in circles - you dont get in touch
Without the Holy Spirit - you feel pain in your heart
you have so many questions - Your life is so hard

Bridge

```
        A      E      H
That's why we follow Jesus
        A      E      H
That's why we follow Jesus
A    E     G#m   C#m
Give him – give   him
A    E          H  E
love, honor and worship
```

Chorus

```
D                       H      E
Halleluja, Halleluja, Halleluja, we love Jesus
D                       H      E
Halleluja, Halleluja, Halleluja, praise the Lord
```

Verse

Without the love of Jesus – you lose so much
You turn in circles - you dont get in touch
Without the Holy Spirit - you feel pain in your heart
you have so many questions - your life is so hard

Bridge

That's why we follow Jesus
That's why we follow Jesus
Give him – give   him
love, honor and worship

Chorus

Halleluja, Halleluja, Halleluja, we love Jesus
Halleluja, Halleluja, Halleluja, praise the Lord

Halleluja, Halleluja, Halleluja, we love Jesus
Halleluja, Halleluja, Halleluja, praise the Lord

Outro:
              E   A   E
We have the holy Spirit - we feel love in our Heart
    A   E   H -E
thats wy we follow Jesus.

T&M: Carsten Arndt, GEMA 959058
CCLI-Liednummer 7131166
©2019 elbaufwärts music publishing // elbaufwärts entertainment GmbH